GUIDE

DES BAINS DE MER

AUX

THERMES MARITIMES

DE MARSEILLE.

MARSEILLE.

Imprimerie d'Achard, place du Marché
des Capucins, n° 4.

1835.

GUIDE
DES BAINS DE MER

AUX

HERMES MARITIMES DE MARSEILLE.

Un Océan de fleurs, une mer de verdure.

St.-Lambert.

Par L.-J.-M. ROBERT,

édecin-Inspecteur des bains de mer; Professeur d'hygiène navale et des maladies des gens de mer à l'Ecole secondaire de médecine; Médecin du Lazareth; Vice-Président de l'Académie de Marseille; Correspondant de l'Académie royale de médecine de Paris, de celles de Cadix, Stockholm et Lyon; Chevalier des Ordres royaux de l'Etoile polaire de Suède et de Charles III d'Espagne, &c., &c., &c.

MARSEILLE.

oprimerie d'Achard, Marché des Capucins, n° 4.

1835.

GUIDE

DES BAINS DE MER

AUX

THERMES MARITIMES DE MARSEILLE.

Ancienneté des bains de mer ; origine de ceux de Marseille.

EURIPIDE annonçant aux Grecs que la mer lave et purifie les hommes de toutes leurs souillures (1), a proclamé une vérité que l'expérience des siècles a sanctionnée. Nul doute que l'origine des bains de mer ne soit contemporaine des premiers âges du monde, puisque déjà Hippocrate, Aristote, Galien, Celse, Pline et les médecins arabes ont préconisé leurs vertus. Les auteurs modernes qui en ont également recommandé l'usage sont trop nombreux pour être cités ici. Auraient-ils pu oublier que le célèbre Antonius Musa guérit, par le moyen des bains de mer,

(1) Marc abluit omnia hominum mala.

EURIP., *Iphig. in Taur.*, v. 1199.

Auguste d'une maladie de langueur; qu'il reçut l'anneau d'or de chevalier, après avoir vu ériger en son honneur une statue, dans le temple d'Esculape; et que Néron fit conduire à grands frais l'eau de la mer à Rome, pour donner plus de splendeur à son fastueux palais des thermes? Enfin, la fable même, qui sous le voile ingénieux de l'allégorie nous cache si souvent, dans la nuit sombre de l'antiquité, des vérités historiques si profondes, ne nous représente-t-elle pas Vénus sortant du vaste sein des ondes, toute resplendissante d'un éclat qui, après avoir ravi l'Olympe, semble nous faire comprendre que la mer est la piscine salutaire qui féconde et embellit la nature, et dont un usage fréquent ne peut que concilier aux femmes, sous les auspices d'Hygie, les faveurs de la Déesse qui préside à la conservation de la beauté?

Les deux établissemens de bains de mer, chauds et froids, situés sur la côte occidentale du littoral de Marseille, à une très-petite distance, l'un sur la plage d'Aren, et l'autre sur le chemin de la Madrague de la ville, quartier des Petites-Crottes, que l'on doit à leurs fondateurs, MM. Giraudy et Vailhen, ne laissent plus aujourd'hui, d'après les améliorations et les embellissemens qu'ils ont reçus, rien à envier aux bains de Boulogne, Dieppe, Livourne, et même de Brighton, sous le rapport d'un site aussi pittoresque qu'enchanteur. Ajoutez à tous ces avantages l'influence d'un ciel aussi pur, d'un climat aussi beau, d'un soleil aussi radieux que ceux de la Provence, et d'une eau aussi riche en principes minéralisateurs, que celle de la Méditerranée, et vous ne pourrez vous empêcher de reconnaître que Marseille sera désormais, pour les habitans du Nord et ceux de l'Intérieur, un lieu de prédestination pour les bains de mer. En effet, une atmosphère maritime sèche, sablonneuse et rocailleuse comme celle de Marseille, jouit d'un degré de pureté dont elle est privée dans le voisinage des lieux qui offrent des conditions contraires. C'est d'après des observations de ce genre que le célèbre Ingenhousz a constaté que l'air de la mer est le plus pur ; que celui de la côte en approche le plus ; et qu'enfin, les maladies sont plus rares en pleine mer que près de terre. De là, la forte complexion, le regard animé et les belles couleurs de ceux qui habitent les côtes, et la longévité que l'on remarque à Gibraltar, dans quelques îles de l'Archipel, et surtout à Malte. L'avantage que présente encore la disposition des bains de mer, dans les deux établissemens de Marseille, c'est que ces bains étant taillés dans le poudingue, sur une crête qui s'avance comme un petit promontoire, les baigneurs reçoivent la percussion de la vague à chaque ondulation, ce qui fait l'office d'une douche horizontale permanente, et est bien préférable à ces baquets ou à ces piscines où l'eau serait dormante. D'ailleurs, le renouvellement continuel des principes salins, contenus dans ce liquide, est d'une trop grande importance en pareil cas, pour n'être pas apprécié à sa juste valeur. Enfin, pour ce qui concerne les bains chauds, et les douches également chaudes qui les accompagnent, rien n'a été oublié, dans leur construction, pour les rendre aussi commodes qu'utiles et agréables. Ils forment, pour ainsi dire, le complément de tout ce que l'art et la science ont trouvé de plus ingénieux, pour être offert, sous un aspect aussi attrayant que pittoresque, au soulagement de l'humanité. Il faut voir pour être ravi et admirer ! ! ! ! !

Analyse de l'eau de la mer, sur les côtes de Marseille.

M. Gustave Laurens neveu, jeune chimiste qui donne les plus belles espérances, vient de faire, il y a quelques mois, l'analyse de l'eau de la Méditerranée, qui prouve combien cette eau est supérieure à celle de l'Océan, sous le rapport de ses principes chimiques, puisque, selon M. Gay-Lussac, la densité moyenne de cette dernière eau est de 1,0286, et la quantité des sels pour 100 parties d'eau de 3,65 ; tandis que d'après M. Laurens, la densité de l'eau de la Méditerranée est de

1,0326, et la quantité des sels qui y sont contenus de 4,094. Ces sels sont : chlorure de sodium 2,722 ; chlorure de magnesium 0,614 ; sulfate de magnésie 0,702 ; sulfate de chaux 0,015 ; carbonate de magnésie 0,019 ; carbonate de chaux 0,001 ; acide carbonique 0,020 ; potasse 0,001 ; matière extractive, des traces ; iode, quantité indéterminée ; total 4,094, résumé de 100 parties d'eau de la mer Méditerranée, prise à la surface, et à deux lieues environ du port de Marseille.

L'existence de l'iode, constatée par MM. Angelini et Cantu dans différentes eaux salées ou minérales d'Italie ; par M. Boussingault, dans l'eau mère de la saline d'Antioquia, et par M. Balard, dans l'eau de la Méditerranée, nous explique aujourd'hui les grands succès obtenus de l'emploi des préparations iodurées dans les maladies lymphatiques ou strumeuses, pour la guérison desquelles elles sont un si puissant spécifique, et à quel titre l'eau de la Méditerranée doit être préférée, en pareil cas, à celle des mers du Nord, où l'iode n'a pas encore été découvert. Mais les praticiens jugeront toujours, sans doute, que cette substance préparée dans les officines, quelque avantage que l'on en ait obtenu, sera toujours beaucoup inférieure à l'eau de la mer prise à l'intérieur et en bains, dans les maladies où le système vasculaire blanc est obstrué par la lymphe, et dans lesquelles les vagues ou la lame, en tonifiant par la percussion, exercent sur le corps une action mécanique très-salutaire, et qu'aucun remède interne ne peut remplacer.

Division des bains de-mer.

Ces bains se divisent en bains froids et en bains chauds, quoiqu'une température qui s'élèverait de 18 à 20 ° puisse donner lieu à la dénomination de bain frais; et à celle de bain tiède, si la chaleur était au-dessous de 25 °; en général la température de l'eau de la mer n'est jamais au-dessous de 12 à 14 °, mais elle peut s'élever au-dessus, depuis midi jusqu'à quatre heures, quoiqu'elle paraisse plus chaude le soir, suivant l'état du ciel et la direction des vents. On observe chaque jour que l'eau qui repose sur une plage sablonneuse est toujours plus chaude lorsqu'elle a peu de profondeur ; telle est l'heureuse situation des bains d'Aren, et de ceux dits grands bains de la Méditerranée, ce qui annonce d'avance, sous le rapport de la chaleur, indépendamment de tous les autres avantages, les agrémens et l'utilité qui en découlent pour les baigneurs.

Effets thérapeutiques des bains de mer.

BAIN FROID. — Ceux qui se plongent dans la mer éprouvent, outre la sensation générale du froid, un degré de pression et de resserrement dans la poitrine, une respiration convulsive, et quelquefois des palpitations du cœur. Ces sensations continuent plus long-tems chez les personnes délicates, surtout si elles ne descendent que graduellement dans l'eau. La réaction du principe vital ramène peu-à-peu la température naturelle ;

mais la sensation du froid reparaît, la peau se resserre, se ride, se contracte, et forme ce qu'on appelle la chair de poule, si le bain se prolonge trop long-tems. Un très-long séjour dans l'eau froide, amènerait progressivement l'extinction de la vie. Après la sortie du bain, on éprouve une chaleur brûlante qui annonce toujours à ceux qui la ressentent, l'utilité du bain froid. L'absence de cette réaction doit faire interdire l'usage des bains de mer froids, parce que la constitution est trop faible alors pour vaincre, dit Buchan, la torpeur des vaisseaux superficiels ; la céphalalgie, les indigestions et l'engourdissement des extrémités, en seraient alors la suite, s'ils étaient continués.

L'usage des bains de mer froids régularise la transpiration et les fonctions digestives. L'action de l'eau salée sur la peau se remarque surtout chez les pêcheurs, qui conservent plus long-tems le brillant des yeux et la rougeur des joues, que ceux qui se baignent dans l'eau douce. C'est de là qu'on juge, avec raison, que le bain de mer, ayant la propriété de donner de la fermeté, du ressort à la surface du corps, convient très-bien à ceux qui suent trop, parce que leur peau, dans ce cas, est toujours dans l'atonie. Ce qui se trouve confirmé par l'observation suivante de Buchan : « Le passage, dit-il, d'un état faible et languissant à une santé vigoureuse et fleurie, se fait quelquefois avec tant de rapidité, pendant le court espace de tems qu'on prend les bains de mer, administrés à-propos, qu'il est souvent difficile de reconnaître les personnes qui, quelques semaines auparavant, étaient venues, maigres et convalescentes, chercher la santé sur les côtes. »

Le bain froid doit être interdit aux vieillards et aux personnes faibles et nerveuses, dans la crainte d'exposer les premiers, qui manquent de chaleur et de force vitale, à des congestions internes et à l'apoplexie, à laquelle ils tendent naturellement, et les dernières, à des spasmes et à des mouvemens convulsifs.

L'immersion, l'affusion, l'aspersion, l'a-
blution, la fomentation et la lotion, sont encore des modes variés pour l'administration
de l'eau de mer à l'extérieur. L'immersion
est pour l'ordinaire instantanée, ce qui rend
l'impression du froid rapide et fugitive. On
peut la répéter quelquefois, et l'on se dirige,
sur ce point, selon la réaction vitale qui en
est la suite. Dans l'affusion, on verse l'eau
en nappe et à plein seau sur la tête; c'est un
moyen perturbateur des plus puissans qui
excite un ébranlement dans tout le système
nerveux; les Anglais en font un très-grand
usage. L'aspersion en arrosoir a une action
modérée; elle n'affecte que légèrement la
partie qu'elle touche; on ne l'emploie que
lorsque cette dernière est très-sensible. L'a-
blution est une espèce de lavage, au moyen
duquel on cherche à débarrasser la peau des
matières sales, grasses et onctueuses qui la
recouvrent, et qui nuisent à la perspiration
cutanée; on la seconde par le massage, pratique très-usitée dans les bains d'Orient, et

qui consiste à pêtrir, pour ainsi dire, le corps avec la main ; cette opération devrait toujours précéder l'usage des bains de mer. Quant à la fomentation et à la lotion, leur action se borne à celle des corps réfrigérans ; mais il faut tenir compte des substances animales et salines qui sont dissoutes dans l'eau de mer, et qui ne peuvent être inertes.

Bain frais. — Il est tonique, comme le bain froid ; mais on le prescrit de préférence aux jeunes enfans et aux femmes qui ont une susceptibilité extraordinaire : il doit être considéré comme le premier degré du bain froid, et convient dans les mêmes maladies.

Bain chaud. — Rome et tous les pays qu'elle avait conquis et soumis à ses lois, avaient consacré les bains chauds à Hercule. Les athlètes épuisés et hors de combat allaient s'y retremper, en y déposant la noble et glorieuse poussière dont ils étaient couverts ; et les hommes efféminés par la débauche et la gourmandise, couraient y chercher, à la manière de Vitellius et de Pétrone, de

l'appétit ou de nouvelles facultés érotiques.
Qu'on juge, d'après cela, de la vertu tonique
qu'on doit attribuer aux bains de mer, lorsque le calorique donne une nouvelle énergie
aux principes salins, iodurés et électro-phos-
phoreux qu'ils contiennent. Si l'on rencontre
en Angleterre des établissemens de bains
chauds, dans presque tous les endroits où
l'on est dans l'usage de se rendre pour prendre les bains de mer, ce ne peut être que d'a-
près la conviction que ces bains, élevés à la
température des différentes eaux minérales
naturelles, peuvent les égaler et les surpasser
en propriétés médicinales, à raison de la
composition chimique de l'eau de mer. En
effet, quels sont les hydrochlorates, les car-
bonates, les hydriodates, les bromates, les
sulfates, et tous les autres principes miné-
raux, sans en excepter les gazeux, qui ne
soient point contenus dans l'eau de la mer?
Si l'on y ajoute, selon le besoin, du sulfure
de potasse, n'a-t-on pas à l'instant une eau
sulfureuse qui combattra avec le même suc-

cès les maladies de la peau, les rhumatismes et les affections chroniques du système lymphatique, aujourd'hui si communes chez les enfans, que les eaux que l'on va chercher à si grand frais dans des pays éloignés, lorsqu'on peut guérir avec tant d'économie, et aussi promptement, pour ainsi dire, dans ses foyers? L'expérience ne tardera pas, je l'espère, d'après les essais que ma place de médecin-inspecteur des bains de mer me permet de faire à Marseille, de démontrer que l'eau de la mer est la première et la plus puissante de toutes les eaux minérales, dès que ses principes seront combinés, selon les circonstances et les maladies à traiter, avec le calorique, qui, d'après le savant Dr Alibert, est le principal agent curatif des différentes eaux usitées en médecine.

Douches. — La colonne d'eau qui forme une douche a une hauteur variée, par exemple, depuis trois jusqu'à douze pieds, et sa force de percussion est toujours proportionnée au diamètre de son calibre. On peut don-

ner au tuyau conducteur différentes direc-
tions ; de là, les douches descendantes, latéra-
les et ascendantes. Lorsqu'il faut frapper des
parties très-douloureuses, comme dans quelques affections aiguës, on termine l'ajutage
des deux premières douches, par une pomme
d'arrosoir, ce qui nous donne alors l'irriga-
tion des Anciens. Quoique l'on regarde aujourd'hui la percussion de la douche comme
le principal élément de son action, on ne
peut disconvenir, cependant, que la douche
d'eau de mer n'ait, de sa nature, une vertu
pénétrante particulière, qui sera encore plus
active, si elle est rendue sulfureuse. Les gon-
flemens œdémateux, qui sont la suite d'en-
torses ou de foulures ; ceux qui reconnaissent
une cause lymphatique ; les glandes cervicales
ou inguinales indolentes ; les tumeurs blanches du coude et du genou, lorsque la sensibilité y semble éteinte, sont traités avec succès par les douches descendantes. Les maladies du rectum, du vagin, du col de l'utérus,
lorsque le médecin le juge nécessaire, récla-

2 *

ment l'emploi de celles qui sont ascendantes et sulfureuses, administrées avec toutes les modifications convenables.

Les douches se divisent, comme les bains, en froides, en chaudes et en tempérées. Les premières s'emploient dans la stupeur maniaque, dans la mélancolie, et toutes les fois que l'on désire produire une influence sédative sur les fonctions cérébrales exaltées ou désordonnées. Le Dr Guigou, de Livourne, cite plusieurs exemples où la douche d'eau de mer, dans le vagin, a servi à prévenir les avortemens qui dépendaient de la faiblesse des fibres de la matrice. La douche chaude, comme excitante, est employée avec avantage dans les hémiplégies et les paralysies qui proviennent d'une cause externe ou purement nerveuse, sans être la suite d'une apoplexie, parce qu'alors elle serait très-nuisible. Elle a été quelquefois efficace dans l'amaurose récente, dans quelques cas de surdité, de mutité, d'aphonie et de danse de St-Guy ; elle réussit très-bien dans les rhumatismes et sciatiques chroniques, et dans la luxation spontanée du fémur commençante. On l'emploie aussi comme tonique et détersive dans le relâchement de la matrice et des ulcératious du canal intestinal, mais alors, il faut qu'elle soit ascendante, et d'une force et d'un diamètre proportionnés à la sensibilité de la partie malade.

De la saison et de l'heure les plus convenables pour prendre les bains de mer ; de leur nombre et de leur durée.

A Marseille, les thermes maritimes sout ouverts depuis le 1ᵉʳ juin jusqu'au 1ᵉʳ octobre ; mais on peut dire, en général, que dans tous les pays, c'est après le solstice d'été que l'on trouve l'eau de la mer plus chaude, par l'effet du calorique qui s'échappe de la terre, après y avoir été accumulé durant la canicule. Toutes les heures de la journée peuvent être bonnes pour prendre les bains de mer. Il faut seulement observer que l'estomac soit vide ou que la digestion soit faite, si l'on n'est pas à jeûn. Les localités déterminent encore le choix de l'heure pour les bains. Ainsi, à Dieppe, c'est depuis neuf heures jusqu'à midi que l'on se rend à la mer ; à Marseille, c'est le soir, mais aussi très-souvent le matin. A trois heures l'eau y paraît le plus chaude. Les personnes robustes et vigoureuses peuvent prendre les bains de mer le matin à jeûn ou le soir ; mais celles qui sont faibles et délicates doivent déjeûner, après avoir fait une petite promenade au bord de la mer, et ne se rendre aux bains qu'à midi. Elles doivent toujours se lever de bonne heure, puisque rien ne débilite plus que le lit, après le sommeil naturel. Les hommes qui auraient commis quelque intempérance la veille, doivent retarder leur bain jusqu'à midi. Ceux qui mangent beaucoup et qui dînent tard, ou qui ont été très-fatigués durant le jour, doivent s'abstenir de prendre le bain du soir. Les jeunes gens, au contraire, qui sont très-sobres, et qui prennent à cette heure les bains, pour leur plaisir, y trouvent un délassement qui amène un profond sommeil durant la nuit.

Le nombre des bains de mer doit être toujours proportionné à l'âge, au sexe des malades, à la force de leur constitution et à leur état morbide. Ainsi, une diathèse scrophuleuse ou lymphatique, accompagnée de glandes au cou, ou de tumeurs aux articulations, peut exiger trente à quarante bains, pendant plusieurs saisons de suite ; tandis qu'une maladie moins grave n'en réclame que le quart ou la moitié. Les constitutions délicates doivent se reposer de deux jours l'un, mais les personnes fortes peuvent les prendre tous les jours, surtout si c'est comme moyen hygiénique. La durée d'un bain de mer ne peut point être limitée avec précision ; douze à quinze minutes suffisent ordinairement pour les enfans ; trente pour les adolescens, trois quarts d'heure à une heure pour les adultes vigoureux. Dans un âge plus avancé, il ne faut pas les prolonger plus d'une demi-heure ; mais, en général, il ne faut jamais attendre, dans le bain, le deuxième frisson qui survient après l'immersion, ou il faut en sortir à l'instant qu'il se prononce. Les Anglais, qui font un si grand usage des bains de mer, n'y restent pas long-tems, et ils ont recours à plusieurs immersions. En France, le bain froid n'étant pas d'un usage habituel, cette méthode ne pourrait qu'affaiblir les malades, en leur faisant perdre une trop grande quantité de calorique. Quant à la durée du bain chaud, elle peut n'être pas limitée, comme celle du bain froid; il n'y a pas à craindre ici les mêmes inconvéniens. On doit suivre, dans son administration, la pratique usitée dans les bains ordinaires. Cependant, ce bain devrait être très-court si on le prenait pour arrêter une sueur trop abondante, par atonie de la peau, car c'est moins au calorique qu'aux substances salines qu'on doit avoir recours en pareil cas. En effet, si l'histoire d'Æson, rajeuni par l'usage des bains médicinaux de Médée, semble nous démontrer la propriété qu'a le bain chaud, de retarder les progrès de la vieillesse, qui arrive toujours ou devient précoce par le défaut ou la diminution de la transpiration cutanée, nous devons croire, à plus juste raison, que les bains de mer chauds, en redonnant de la force au système dermoïde, préviendront la sécheresse et l'aridité de la peau, et partant la décrépitude.

C'est ainsi que le célèbre Francklin, ayant pris, par les conseils de Darwin, deux fois la semaine, un bain chaud, fut assez heureux pour prévenir les effets de la vieillesse, dont il sentait déjà les approches, et qu'il parvint, par l'usage qu'il en fit jusqu'à sa mort, à un âge très-avancé.

De la manière de prendre les bains de mer et des précautions qu'ils nécessitent.

Si l'on connaît tous les effets dangereux de l'eau froide prise à l'intérieur, lorsque le corps est échauffé, l'immersion dans ce liquide serait bien plus funeste, et l'histoire nous a instruit du danger que courut Alexandre, pour s'être baigné, tout en sueur, dans les eaux du Cydnus ; un bain de mer, dans les mêmes circonstances, ne pourrait être encore que plus promptement mortel. Ainsi il importe de ne point faire de violens exercices, ni de fortes promenades à pied, avant de prendre le bain, quoiqu'un exercice modéré ne doive point être interdit, attendu qu'on augmente par là l'action du système vasculaire, la chaleur et la réaction qui suivent pour l'ordinaire le saisissement qu'on éprouve en s'immergeant dans le bain froid. Pour faire cesser bien vîte ce saisissement, il faut se plonger subitement dans l'eau, après avoir mouillé la tête pour éviter la céphalalgie ou la douleur qui serait occasionée par l'afflux du sang vers cet organe, si l'immersion n'avait pas été subite, mais graduelle. Le craquement des dents, la crampe de poitrine, et un froid général, accompagnent toujours, d'une manière plus ou moins pénible, ceux qui ne se plongent dans l'eau que lentement et avec crainte, au lieu de brusquer leur immersion.

C'est un précepte généralement reçu qu'il ne faut jamais prendre le bain de mer, lorsqu'on a froid ; on pourrait en ressentir un effet aussi funeste, que si l'on usait du bain froid durant le frisson de la fièvre intermittente. Chaque baigneur doit être muni d'une robe de flanelle, et s'en couvrir immédiatement après s'être déshabillé, et avant de se mettre dans l'eau, afin de diminuer le saisissement de l'immersion, et d'éprouver la chaleur salutaire qui doit être le résultat du bain de mer ; car si cette chaleur ne revenait pas, il faudrait alors sortir de l'eau, dans la crainte de quelque accident funeste, suite d'une congestion sanguine à l'intérieur. Au sortir du bain, on doit s'envelopper de la robe de flanelle dont j'ai déjà parlé, ou d'une couverture de laine, pour ne pas éprouver trop fortement le frisson qui se manifeste toujours avant qu'on ait repris ses habillemens, et que la partie supérieure du corps soit couverte. La flanelle, en absorbant l'humidité, prévient son évaporation et la perte de la chaleur qui ne manque pas d'avoir lieu, lorsqu'on s'essuie, ce qui donne toujours une sensation désagréable , et souvent bien nuisible pour les enfans et les personnes délicates. On peut d'ailleurs se dispenser de bien sécher la surface du corps , puisqu'on sait par expérience qu'on peut rester mouillé d'eau de mer, sans courir le danger de contracter des douleurs rhumatismales , comme avec une eau ordinaire.

Les personnes robustes peuvent prendre , après le bain, un exercice modéré; mais celles qui sont faibles et valétudinaires doivent éviter de s'exposer aux rayons du soleil , pour ne pas exciter une transpiration trop abondante, qui ne pourrait que les affaiblir. L'usage de se mettre au lit, après le bain, ne peut qu'être nuisible , et permis seulement qu'à ceux qui, ayant resté trop long-tems dans le bain, éprouvent des frissons alarmans. L'alitement devient alors un moyen très-favorable au rappel de la chaleur vitale , surtout s'il est aidé d'une vessie pleine d'eau chaude , appliquée au creux de l'estomac, et d'une infusion de thé, de tilleul ou de toute autre plante aromatique. C'est aussi par une boisson théiforme, et en couvrant la tête, en sortant du bain, d'un bonnet de laine, qu'on parvient à guérir la céphalalgie qui se déclare, chez les personnes du sexe faibles et délicates, pour avoir resté long-tems dans l'eau ; douleur qui a son siége au derrière de la tête, comme celle qui est produite par une affection hystérique. Au reste, on voit diminuer cette douleur, à mesure que le système se fortifie par l'usage du bain. Les serre-têtes en tafetas gommé doivent être interdits dans les établissemens des bains de mer ; ils pourraient provoquer des céphalalgies intenses, et pour les prévenir, on doit toujours se mouiller la tête en se plongeant dans l'eau, comme nous l'avons déjà dit. Cullen et Buchan citent de nombreux exemples de guérisons semblables, par l'effet de cette ablution, et la regardent comme un préservatif du rhume. Il serait bon de préparer les personnes faibles et cacochymes par des bains chauds, dont la température serait graduellement réduite à celle de l'eau de la mer ; ces bains sont encore plus nécessaires aux enfans qui, pour l'ordinaire, ont une sorte d'horreur pour l'eau froide. Un bain de cette nature pourrait leur occasioner des convulsions ou une asphyxie par congestion cérébrale, selon leur plus ou moins grande sensibilité. C'est là le seul moyen de les accoutumer, et sans trop de répugnance, aux bains de mer.

DE LA NATATION. — L'utilité de la natation comme moyen gymnastique, pour fortifier les enfans, ou pour les guérir des maladies qui tiennent aux engorgemens glanduleux du système lymphatique, est aujourd'hui hors de doute. Si cet exercice a de grands avantages pour les riverains des fleuves et des étangs, de quelle importance ne doit-il pas être pour les habitans des côtes maritimes ? L'homme qui nage met tous les muscles de son corps en mouvement ; il fortifie sa constitution, il rend son appétit plus vif, il élabore un meilleur chyle, il obtient une sanguification plus parfaite, et une énergie

morale et physique, qu'on ne trouve pas chez
celui qui ne s'est jamais livré à cet exercice.
Si la natation va devenir d'un usage plus général, comme tout le fait présumer, pour
Marseille et l'intérieur de la France, on ver-
ra bientôt diminuer le nombre des maladies
scrophuleuses, et des phthisies qui ont pour
origine des tubercules latens durant le premier âge, mais qui passent fréquemment à
la dégénérescence, dans l'âge adulte. Si le
rachitisme semble aujourd'hui disparaître,
en Angleterre, on ne peut que l'attribuer à
l'art de nager, qui est si généralement ré-
pandu dans toutes les classes de la société,
qui avoisinent la mer. Disons-le ici, un bain
de mer ordinaire sera toujours beaucoup in-
férieur à celui que l'on prend en nageant.
Dans ce dernier, le développement des forces
musculaires provoque, excite et réveille
l'action du système absorbant et cutané; le
poumon respire une plus grande quantité
d'air vital sous un tems donné, et se fortifie;
la poitrine se dilate; les articulations devien-

nent plus libres, plus flexibles, se dégorgent, et le cerveau recevant, dans la position horizontale, une plus grande quantité de sang, augmente l'énergie du système musculaire, et exerce une influence marquée sur le développement et l'agilité de toutes les parties du corps.

Ce serait une mesure bien conservatrice de l'espèce humaine, et bien propre à favoriser son amélioration physique et morale, si tous les colléges et les pensionnats de l'un et de l'autre sexe introduisaient la natation dans le système disciplinaire de leurs établissemens. Cet exercice, ayant un but thérapeutique ou de guérison, réunit encore tous les avantages que l'on trouve dans la danse, l'escrime, l'équitation, l'escarpolète, la balançoire, et tous les autres jeux de gymnase, qu'on cherche à faire revivre aujourd'hui, à l'imitation de ce que pratiquaient les Anciens. Ainsi, ce serait par la voie d'un plaisir innocent, et qui tendrait vers un but de la plus grande utilité, que l'hygiène et la médecine parviendraient à répandre sur l'enfance, des bienfaits qui jusqu'ici ont été inconnus à la masse, et n'ont été le partage que de quelques êtres privilégiés par la fortune, ou dont les parens ont été assez bien inspirés pour devancer la mise en action des préceptes de nos modernes orthopédistes, toutes les fois que leurs établissemens ont été voisins des côtes maritimes, car les nageurs d'eau douce ne pourront jamais s'en promettre les mêmes résultats, que ceux d'eau salée, Neptune, dieu de la mer, ayant toujours conservé un pouvoir bien supérieur à celui des Nymphes qui, pour l'ordinaire, ne président qu'aux paisibles ruisseaux et aux modestes rivières.

Au reste, ce ne sera pas un des moindres bienfaits que la population de Marseille va retirer de l'établissement de ses thermes maritimes, que les écoles de natation qu'on y trouve. L'art de la nage sera bientôt aussi commun que la danse, non-seulement aux enfans, mais encore aux jeunes demoiselles. Dès l'année dernière, on en a vu un très-grand nombre se livrer à cet exercice salutaire avec une ardeur et une hardiesse dont on aurait été bien éloigné de les croire capables. Après quelques leçons seulement, où la crainte a fait place au courage, on les a vues affronter les vagues, et franchir les limites de l'enceinte qu'on avait jugée d'abord assez vaste, pour contenir leurs premiers et faibles élans. Si l'instinct seul les a conduites à cet exercice, comme à un simple objet d'agrément, que ne feront-elles pas, lorsqu'elles sauront que rien ne peut concourir avec plus de succès que la natation, à la régularité de la taille, à l'élargissement de la poitrine, à la beauté et au développement des formes, à la coloration du teint. Voilà les effets qu'on en obtient d'abord sous le rapport hygiénique. Quant à l'état maladif, les fruits qu'on en retire sont inappréciables, pour tout ce qui tient aux anomalies de la croissance, époque surtout où la déviation de la colonne épinière devient si fréquente chez les jeunes personnes du sexe, dont la constitution est éminemment lymphatique, ou chez lesquelles une dentition difficile ou un allaitement imparfait ont développé un germe rachitique. C'est ainsi que j'ai été témoin, il y a quelques années, que 42 bains de mer, pris à la vague, et celle-ci dirigée sur l'épaule et sur la région épinière, ont suffi pour redresser la taille d'une jeune personne de dix-sept ans, appartenant à la haute société du commerce.

Maladies auxquelles les bains de mer sont utiles.

SYSTÈME CUTANÉ. — Dartre, lèpre, gale, mal rouge de Cayenne, pian, prurigo, lichen, acné ou couperose, mentagre.

SYSTÈME LYMPHATIQUE. — Tumeur et endurcissement des glandes, dépôts froids et par congestion, fluxions aux aîles du nez, enchifrènement et gonflement habituel de la lèvre supérieure, ophthalmies fréquentes ou périodiques, rachitisme, intumescence des grandes articulations, ulcères des doigts, des orteils, teigne, tous symptômes de la diathèse scrophuleuse.

SYSTÈME NERVEUX. — Hypocondrie, mélancolie, manie, hystérie, hydrophobie, tétanos, paralysie, asthme, palpitations du cœur, migraine, nyctalopie, héméralopie, convulsions et danse de St-Guy, aphonie ou perte de la parole chez les femmes, épilepsie (1), catalepsie.

SYSTÈME GÉNITAL. — Anaphrodisie ou impuissance virile, dispermatisme.

SYSTÈME UTÉRIN. — Chlorose ou pâles couleurs, aménorrhée, ménorrhagie ou pertes rouges, leucorrhée ou pertes blanches, ménopose ou âge critique.

PHLEGMASIES CHRONIQUES DES DIVERS TISSUS. — Catarrhe pulmonaire chronique (2), co-

(1) Hufeland, dont l'expérience consommée lui donne droit de décider dans cette circonstance, dit : « que la guérison des maladies tient plus à la qualité ou à la spécificité des médicamens qu'à leur énergie, c'est que l'épilepsie qui sans contredit est une des maladies les plus incurables et qui tient au plus haut degré à l'affection nerveuse, se guérit à proportion plus fréquemment par les bains de mer, que par celui des autres eaux minérales beaucoup plus énergiques, telles que celles de Pyrmont. J'ai connu un respectable ecclésiastique qui, après avoir épuisé tous les moyens sans succès, se rendit aux bains de mer d'Obberan, où ses accès devinrent déjà plus rares et plus faibles dès le premier été ; ayant continué pendant l'hiver les bains factices, il retourna l'été suivant à Obberan, et se trouva enfin entièrement guéri. Je connais plusieurs autres épileptiques et cataleptiques qui ont été guéris par le même moyen. »

(2) J'ai éprouvé moi-même, dit Buchan, différentes attaques de cette maladie, et je n'ai jamais pu découvrir d'autre moyen efficace d'y rémédier

queluche chronique , rhumatisme musculaire et fibreux chronique.

On sent combien il serait imprudent et
même dangereux , ce catalogue à la main, de
se croire assez instruit pour prendre les bains
de mer, sans consulter son médecin ordinaire,
ou celui que le gouvernement a nommé pour
présider à l'administration de ces bains, dans
tous les lieux où il y a des établissemens spé-
ciaux , comme à Boulogne , à Dieppe , à la
Rochelle et à Marseille ; nomination, au reste,
aussi utile à l'intérêt public qu'aux progrès
de la science.

On sent qu'il y a encore bien d'autres maladies , qui ne sont pas désignées ci-dessus ,
qui peuvent être néanmoins du ressort de la
nouvelle thérapeutique , et dans lesquelles ,
après avoir fait usage pendant plus ou moins,
de tems de l'eau de mer à l'intérieur, comme,

que le changement d'air. Cette toux disparaissait
quand j'avais respiré l'air de la mer pendant 24
heures. Je puis dire avec vérité que j'ai toujours recommandé le même plan de conduite aux personnes
atteintes de cette maladie, et qu'elles en ont de même
éprouvé des effets salutaires. » On peut expliquer de
la même manière pourquoi les navigateurs, dans la
haute mer, et les habitans des côtes sont, pour l'ordinaire, exempts d'affections catharrales. On remarque encore que les personnes qui sont habituellement
sujettes à cette maladie, y sont moins exposées l'hiver qui suit l'usage des bains de mer, pris durant
l'été précédent.

tonique, fondante et résolutive, les bains de mer sont indiqués pour hâter la guérison. D'ailleurs, l'expérience, en multipliant les faits, observés aujourd'hui avec plus de soin, ne peut manquer d'aggrandir le domaine et les ressources d'une médication qui s'étend sur toutes les côtes maritimes du royaume, et que la providence a évidemment destinée à la guérison du plus grand nombre des maux de l'humanité.

Maladies auxquelles les bains de mer seraient nuisibles.

Suites de la variole, rougeole, scarlatine, érysipèle ; ulcères scorbutiques des jambes, gonflement œdémateux des jambes chez les femmes, obstructions avec un caractère aigu des viscères abdominaux, hémoptysie ou crachement de sang, maladies organiques du cœur, hémorrhagies aiguës, asthme dépendant d'une lésion des gros vaisseaux, prédisposition à l'apoplexie, vertiges, tintemens d'oreille, paralysie par congestion cérébrale, affections aiguës du poumon, de l'estomac, des intestins et de l'abdomen (1).

(1) Voir pour plus de détails, l'ouvrage que j'ai publié en 1827, ayant pour titre : *Manuel des bains de mer, sur le littoral de Marseille,* 1 vol. in-18 de 208 p. Il se vend aux bains d'Aren, chez M.᷿ᵉ Giraudy.

FIN.